盲導犬と歩く人、ひとりひとりに、物語があります。
この本では、
7人の盲導犬ユーザーにお話をうかがいました。

視覚障害者と盲導犬がくらしやすいのは、
どんな社会なのでしょう。
わたしたちには、なにができるのでしょう。
そんなことを考えながら、
この本を読んでいただけたらと思います。

盲導犬大百科 ②

見えないわたしと
盲導犬(もうどうけん)

監修
公益財団法人日本盲導犬協会

ポプラ社

もくじ

障害を持って出会いがふえました

板嶌憲次郎さん … 3

（まんが）うちのコ … 9

見えにくさ、想像してみて！

藤本悠野さん … 10

（まんが）うちのコ … 16

障害がある人のために働きたい

鈴木祐花さん … 17

（まんが）うちのコ … 23

いつも家族のまんなかに

河部千鶴さん … 24

（まんが）うちのコ … 30

見えなくても聞こえなくても話がしたい

門川紳一郎さん … 31

（まんが）うちのコ … 37

ふたりと1頭、息はぴったりです

中柴健一さん 知子さん … 38

（まんが）うちのコ … 44

もう少し知りたい人のために … 45
全巻共通さくいん … 46

この本の使い方　あい色の文字で書かれている言葉「夜盲」「網膜色素変性症」などの
くわしい説明は45ページにあります

※本文の内容は2024年取材時のものです

障害を持って出会いがふえました

板嶌憲次郎さん
神奈川県在住

10代後半で目の難病に

海のそばに住み、アクティブにマリンスポーツを楽しむ板嶌憲次郎さん（53歳）。お会いした日も江の島でヨットに乗ってきたばかりでした。かたわらには、パートナーの盲導犬テスがぴったりと寄りそっています。

板嶌さんが目の異常を感じはじめたのは10代のおわりごろ。「夜盲」という症状がでたのです。そして20歳をすぎたころ、「網膜色素変性症」と診断されます。この病気が進む速さは人によってさまざまで、30代で見えなくなる人もいれば、高齢になっても見えている人もいるといいます。

「当時はまだ車の運転もしていたし、ふつうに生活できていたので、どうにかなるんじゃないか、自分の寿命まで目のほうがもつんじゃないか、と思いました」

「見えなくなる」不安とのたたかい

大学卒業後、板嶌さんは建設関係の会社に就職。技術者として大きな現場でバリバリ働きました。でも、視野がだんだんせまくなり、そのうち人や物にぶつかるようになったのです。

「この先やっていけるんだろうか……」

そんなとき。横浜駅で、白杖をついた若い男性を見かけたのですが、まわりの人たちは、その男性を助けるどころか、近づくとにげていたのです。その光景にショックといきどおりを感じた板嶌さんは、思わず男性にかけより手助けしていました。

「それまでは白杖を持った人を見るのがいやでした。自分はああなりたくない、と。でも、このとき、仲間を助けなくちゃ、と思ったんです。ふんぎりがつきました」

板嶌さんは視覚障害者になることを受けいれます。そして、30歳で身体障害者手帳を取得し、はじめて白杖を持ちました。

見えなくなる……その恐怖がリアルにせまってきた20代後半から30代半ばはいちばんつらい時期でした。

　35歳のとき、板嶌さんは網膜色素変性症の患者会に入ります。同じ病気がある同年代の仲間たちと会い、はじめて自分の気持ちを人に話せるようになって、ずいぶん不安がやわらいだそうです。

　でも、40歳をすぎたころ、「このまま白杖の生活ではつらい」と感じはじめたそうです。白杖歩行では、いつなににぶつかるかわからず、常に緊張を強いられます。でも、盲導犬となら、見えなくなる前と同じくらいのスピードで歩けるし、なんといっても「かっこいい」

　そこで、盲導犬ユーザーとしてさっそうと歩くことをめざし、45歳のとき、初代の盲導犬フレアをむかえたのでした。

初代盲導犬フレアと。これから会社に行く

板嶌憲次郎さん

盲導犬名

2015年～
フレア（メス　ラブラドール・レトリーバー）

2023年～
テス（メス　ラブラドール・レトリーバー）

1970年	横浜生まれ
1976年から	茅ヶ崎で育つ

10代のおわりごろから、夜になると見えづらくなる「夜盲」がはじまり、網膜色素変性症を発症。だんだんと視力は弱まっていった

1995年	大学卒業後、就職
1999年	希さんと結婚
2000年	身体障害者手帳を持つ
2014年ごろ	盲導犬を持つことを決める
2015年	1頭めの盲導犬フレアを持つ
2023年	2頭めの盲導犬テスを持つ

現在は、太陽光や照明などの強い光をおぼろげに感じられるぐらい

見えないことをどう伝えるか

「犬がいると、家族のふんいきがよくなるんですよね。ちょっと険悪になっても、犬を介してふんいきがやわらかくなる」

そう話す板嶌さんには、妻の希さんと、21歳と18歳のふたりの娘さんがいます。

職場の同僚を通して知りあった希さんと結婚したのは28歳のとき。板嶌さんの病気のことを知ったうえでの結婚でした。

「不安はありませんでしたか？」と聞くと、「わたし、先のことは考えないタイプなんです」と希さん。心配した家族からは結婚を反対されたそうですが、「好きだから」とおしきりました。

もちろん、見えなくなったらどうなるんだろう、という不安はあったようですが、銀行勤めの希さんは「わたしも働いているし、生活はなんとかなるかな、と」

網膜色素変性症は親から子へと遺伝する病気です（発病するとはかぎらない）。でも、希さんは「いざそうなったら、そのとき考えればいい」とおおらかです。

板嶌さんは子どもたちにあらたまって病

気の話をしたり、目が見えないとはどういうことかを説明したりしたことはないといいます。こういうときはこうしてね、というマニュアル的なものもつくったことがありません。置いてあったものを勝手に動かされてこまったときなどに「パパ、目が見えないんだよ！」と、その場その場で伝えてきました。

「すると子どもは、ぶつくさいいながらも少しずつ行動が変わっていくんですよね」

娘さんたちは見えない父親との日々のくらしを通して、視覚障害とはどういうものかを体験的に理解していったようです。

自分は理想的な視覚障害のある父親としてふるまっていない、という板嶌さんですが、「うちの子どもたちは障害者に対し、かまえることなく、自然に接することができる」と、ちょっと誇らしそうです。

さまざまな出会い

「盲導犬を持つと人との出会いがふえる」

板嶌さんがヨットとサーフィンをはじめたのは、盲導犬を介して知りあった人にさそわれたのがきっかけでした。ふたり乗りの小型ヨットで風を受けながら大海原を走り、太陽の光をいっぱいあびて、なんとも心地よいつかれを感じました。今では月1回ヨットに乗っています。

サーフィンのほうは、介護や医療の仕事をしている人たちがはじめた「インクルーシブ・サーフィン」というもの。インクルーシブとは、「いろんな人が参加できる」という意味です。その言葉のとおり、身体障害や知的障害のある人たちも、健常者も、みんないっしょにサーフィンを楽しんでいます。

これらの活動は、車いすを使う人や聴覚障害者など、さまざまな人たちとの出会いにもつながっています。あるときは視覚障害者の若者が、聴覚障害者に手話で話しかけ、声で返してもらっているのを見て、自分もやってみようと手話サークルへ。それまで知らなかった、聞こえない人の世界を知りました。また、車いすを使う人と接す

るなかで、視覚障害者にとっては必要な点字ブロックが、車いすの人にとってはじゃまになってしまうこともあると知りました。立場の異なるさまざまな障害がある人たちと活動してきた板嶌さんの視点は幅広く、しなやかです。

新しい視点を得る

　障害者になったことで、いやな思いもするけれど、いい思いもある、と板嶌さんは話します。

　いやな思いというのは、盲導犬を連れていると、施設やお店に入るのを断られたりすることや、駅が無人化されたり、コンビニの会計がタッチパネルになったりと、障害のある人のことを考えずに社会が変わっていくこと。

　一方で、人間のいいところにも気づいたといいます。

　「スポーツって、ひとりではできない。仲間がいるからできるんですよね。サーフィンとかヨットとかクライミングとか、目の見えない人もいっしょに楽しもうよ、とい

う人たちがいる。人間を信じる思いもどこかにあります」

　「だからこそ、考えてほしいんです」と板嶌さんはいいます。盲導犬のすごさだけに注目するのではなく、盲導犬を連れている人が、そもそもなぜ盲導犬を必要としているのか。点字ブロックやホームドアをつければそれでいいのか。設備にたよるよりもっとたいせつなことがあるのではないか。

　そして、障害のある当事者のいうことだけをうのみにするのではなく、自分の経験とてらしあわせて考えてみて、と板嶌さんは強調します。「自分で考えてほしい」という板嶌さんのその思いは、子どもたちが、「こうするように」と教えられるのではなく、見えない父親と生活するなかで、見えないとはどういうことかを理解していったことと通じるような気がします。

　「障害者への理解を深めるいちばんの方法は、いっしょに行動すること」

　板嶌さんの言葉が心にひびきます。

まんが うちのコ

見えにくさ、想像してみて！

藤本悠野(ふじもとゆや)さん
東京都在住(とうきょうとざいじゅう)

ブラインドテニスで1番に

藤本悠野さん（39歳）はブラインドテニスのトッププレーヤーです。ブラインドテニスというのは、スポンジボールにしこんだ鈴の音をたよりに打つ、日本発祥のスポーツ。はじめたのは、友人からさそわれて体験会に参加したのがきっかけでした。はじめてラケットにボールが当たったときの感動は今も忘れられないといいます。

藤本さんには先天性の目の病気があり、それまで運動はほとんどしたことがありませんでした。小学校時代は体育の時間はいつも見学。プールも禁止。自分にはスポーツなんてできないと思っていました。

それが、ブラインドテニスなら「わたしでも、できる」

試合にでるようになり、いっしょうけんめい練習すると、ますますおもしろくなっていきました。10年ぐらいはなかなか勝てませんでしたが、あきらめずに続けた結果、2023年にはついに弱視クラスの1位に！

「1番になれることなんて、それまでの人生になかった。自分の努力が認められて、自信になりました」

2024年7月、弱視クラスで優勝

ブラインドテニスでは、ジュニア用ラケットを用いる

スポンジボールのなかには、金属製の玉が6つ入った卓球のボールが入っている

がんばり続けるのはしんどい

　ブラインドテニスが自分の居場所になった、と話す藤本さん。じつはブラインドテニスをはじめる前は、ありのままの自分を認めてもらえない苦しさをずっと感じてきたといいます。

　藤本さんは生まれたときから視覚障害があったものの、全盲ではなかったので、お母さんは藤本さんが盲学校に行くことや、白杖を持ったりすることには反対でした。健常者の子どもたちと同じように生活してほしかったのです。

　そうはいっても、ほかの子たちと同じようにはできません。学校の授業で、黒板に書いてある漢字を「なんと読みますか」と聞かれても字が見えませんでした。でも、見えないとはいわず、「わかりません」と答えていました。ほんとうは見えないのに、お母さんの期待にそうように、見えるふりをしていたのです。

　藤本さんは「自分ががんばればいいんだ」と思っていたそうです。でも、それはとてもしんどく、いつもへとへとでした。

藤本悠野さん

盲導犬名
| 2019年～
ウクル（メス　ラブラドール・レトリーバー）

1984年　三重県生まれ

生まれつき視覚に障害があり、子どものときから身体障害者手帳を持つ

小学校・中学校・高校は普通校に在籍

1997～　中学と高校で点訳の
2003年　ボランティアを行う

2003年　大学入学のため、東京へ

2004年　20歳のころ、左目が光を
　　　　　感じなくなる

2006年　急に右目の視力が落ち、
　　　　　白杖を持つようになる

2007年　東京で就職

2011年　ブラインドテニスをはじめる

2017年　発達障害の診断を受ける

2019年　盲導犬ウクルと歩きはじめる

2023年　日本ブラインドテニス連盟
　　　　　ランキングで女子B2クラス1位に

わかってもらうたいへんさ

藤本さんのように、少し見えている状態を「ロービジョン」といいます。でも、どのくらい見えるのか、どんなふうに見えるのか、あるいはどんなものは見えないのかなど、見え方は人によって大きくちがうため、それをまわりにわかってもらうのがほんとうにたいへんだといいます。

藤本さんは手元のものはなんとか見えますし、拡大すれば本も読めます。でも、視野がとてもせまく、遠くにあるものは見えないので、お店に入って商品を探すのは至難の業です。店員さんに手伝ってほしくても、そもそも店員さんがどこにいるか見えないので、助けを呼ぶこともできません。また、夜間や映画館など暗いところではほとんど見えません。

「みんな見えるか見えないかのどちらかしかなくて、ほんの少しでも見えるというと

丸いのは本を読むときや商品の名前などを見るのに使うルーペ。黒いのは、街の看板や駅の表示など遠くを見るときに使う単眼鏡

見えるほうに入れられてしまう。わたしのしんどさは見えないしんどさというより、それが伝わらないしんどさですね……」

視力1.2の人の見え方

藤本さんの見え方

右目の視力は0.02ぐらい。視野はちくわの穴からのぞいている感じ。全体的にぼやけている

視覚障害と発達障害

目の病気はあったけれど、藤本さんは自分が視覚障害者だとは思っていませんでした。かといって、健常者と同じようにできるわけでもなく、大学の友人たちが運転免許を取ったり、アルバイトをはじめたりするのを見て、モヤモヤしていました。健常者でも障害者でもない、自分っていったいなんだろう……と。

それが、22歳のころ、急激に視力が落ち、ついに白杖を持つことになったとき、「これで生きやすくなる」と感じたそうです。

「自分は視覚障害者として生きていくんだ。そう決めたら、じゃあ、これからどう生きていこうか、と前を見ることができたんです」

じつは藤本さんには自閉スペクトラム症という発達障害もあり、それも生きづらさの理由のひとつだったようです。32歳のとき、発達障害であると診断されたときは、ほっとしたといいます。

「あー、やっと自分のしんどさの原因がわかった。自分の弱さやあまえのせいじゃないんだ」と。

自閉スペクトラム症は、こんなことがつらい

あいまいではっきりしない表現

必要以上に大きく聞こえてしまう騒音や話し声

いつも乗る電車がトラブルで遅れたり、急に予定が変わること

心を安定させるウクルの存在

　藤本さんは、長年、盲導犬は全盲の人が持つもの、と思っていました。それが、知りあいにロービジョンでも持てるらしいと教えられ、日本盲導犬協会に問いあわせをしたところ、どんどん話が進み、2019年からウクルと歩くことに。今ではなくてはならないパートナーになりました。
「ウクルはツンデレで、呼んでも来ない、猫みたいな犬なんです」と笑いますが、いつも「今日こんなことがあってさー」と、たくさんウクルに話しかけているそうです。
　じつは藤本さんは、歩きなれた道に限っていえば、白杖のほうが早く歩けるかもしれないといいます。盲導犬は角や段差で止まるよう訓練されていますが、藤本さんは足元はなんとか見えるため、よく知っている道なら止まらずに歩けるからです。
　でも、藤本さんにとって、ウクルの役割は歩行の補助だけではありません。聴覚過敏でパニックが起こりそうになっても、ウクルにふれるだけで落ちつく……。ウクルは心の安定を助けてくれるかけがえのない「セラピードッグ」でもあるのです。
　ウクルは今7歳。そろそろ引退が近づいています。ウクルとはなれると思うとさびしくてたまりませんが、藤本さんは2頭めの盲導犬と歩くことを考えています。
　まだまだめずらしい盲導犬ですが、みんなに知ってもらえるように、ウクルとあちこちでかけたい。いつか盲導犬があたりまえの存在になって、街の景色の一部になれば……と願っています。

待つのが得意なウクル

まんが うちのコ

障害がある人のために働きたい

鈴木祐花さん
福島県在住

県庁初の全盲職員

　福島県庁に勤める鈴木祐花さん（34歳）は、県庁初の全盲職員です。現在2頭めの盲導犬デイズをともない、「障がい福祉課」という部署で働いています。

　鈴木さんと席が近い同僚の小湊さんによると「デイズはとても静かで落ちついているので、存在を忘れるほど」。鈴木さんがしばらく席をはなれると、あまえんぼうのデイズはクンクン鳴くそうで、「それがまたかわいい。場をなごませてくれる」と、上司の宍戸さんも顔をほころばせます。「いるのがあたりまえ。職員と同じですね」とも。

　鈴木さんが初代の盲導犬エナと出勤するようになってから8年。盲導犬の存在はすっかり職場で定着しているようです。

　じつは鈴木さんは、点字による採用試験を受けて合格した第一号の職員でもあります。鈴木さんが大学生だったとき、福島県では点字での受験は認められていませんでした。就職へのスタートラインにすら立てないのか、といったんはあきらめそうになりましたが、家族や大学の先生たちにはげまされ、点字受験を認めてほしいと県に要望します。でも、なかなか返事がもらえなかったため、鈴木さんは思いきって「点字毎日」という点字の新聞に投書し、自分の思いをうったえました。

　すると、県内の視覚障害者の団体や親の会など多くの人たちから「応援します」と声が上がり、大学4年生の秋、点字による採用試験の導入が決定。鈴木さんはみごと試験に合格し、2013年に県庁の職員となりました。鈴木さんのあとにも、またひとり、点字受験で採用された人がいるそうです。鈴木さんが勇気をだして道を切りひら

いたことによって、視覚障害者の活躍の場が広がったのです。

健常者とともに学び、働きたい

鈴木さんは高校3年生のとき、全国盲学校弁論大会の全国大会で優勝します。語ったのは「大学へ進学して、健常者とともに学び、働きたい」ということでした。そう願うようになったきっかけはなんだったのでしょうか。

未熟児として生まれ、未熟児網膜症で幼いころから視力が低かった鈴木さんは、盲学校の小学部に入り、高等部まですごします。地元は二本松市ですが、盲学校は福島市にあって遠かったので、家と学校を往復するだけの毎日でした。

「地元に帰っても友だちはいない。学年が上がるにつれ、ますます健常者の生徒との交流が少なくなっていきました」と鈴木さんは話します。

転機が訪れたのは、高校2年生のとき。地元の高校の夏季講習と冬季講習に参加したのです。

盲学校では先生と一対一だったのが、突然おおぜいの健常者の生徒にまじって授業を受けることになり、「受けいれてもらえるのかな、健常者の高校生についていけるのかな」と最初はとても不安だったといいます。

それが、点字でメモを取っていると、ほかの生徒たちが興味を持ち、「オレの名前、

鈴木祐花さん

盲導犬名

| 2016年〜
エナ（メス　ラブラドール・レトリーバー）
| 2022年〜
デイズ（オス　ラブラドール・レトリバー）

1990年 福島県生まれ
未熟児網膜症のため
幼児のころから弱視

1993年 3歳のとき、左目が網膜剥離

1997年 福島県立盲学校（現 視覚支援学校）
に入学

2000年 10歳ごろから本格的に白杖を
使いはじめる

2008年 第77回全国盲学校弁論大会
全国大会で優勝

2009年 四天王寺大学に入学

2011年 点字新聞に投書

2013年 福島県職員になる

2015年 3月　盲導犬体験会で白杖歩行と
盲導犬歩行のちがいを実感
7月　盲導犬との体験宿泊に参加

2016年 1頭めの盲導犬エナを持つ

2022年 2頭めの盲導犬デイズを持つ

左目は10歳ぐらいまでは光を感じていたが、現在は失明。右目の視力は光を感じるほど

点字で打ってよ」などとたのまれたり、いっしょにお弁当を食べる友だちもできたりしたことで、いつのまにか不安は消えていました。「自分は障害者、彼らは健常者、と、自分が勝手に壁をつくってたんだな、と気づきました」

そして、大学進学という目標は障害のあるなしにかかわらずみんな同じなのだとわかり、「自分もぜったい大学に行くんだ！」と心に決めたのです。

「大学で福祉を学び、将来は社会福祉士になって、障害のある人の支援をする」

鈴木さんのなかに明確な目標が生まれました。

東日本大震災と原発事故

鈴木さんは点字で受験ができ、全盲の教授や学生がいて、視覚障害者が学びやすい環境が整っている大阪の四天王寺大学に入学。サポート役としてついてきたお母さんと寮で生活しつつ、社会福祉の勉強にはげみました。

ところがそんなとき、東日本大震災と東京電力福島第一原発の事故が起こります。2011年3月11日、なにげなく寮のテレビをつけたら、地震と津波のニュースが流れていたのです。急いで実家に電話しましたが、つながりません。夕方やっとお祖母さんと連絡が取れ、父も姉も弟もみんな無事だと聞いたときは心からほっとしました。

このときから、鈴木さんは福島にもどって就職したいと思うようになります。自分が大学で学んだことを、地元の障害のある人たちのために役だてたい——。努力のかいあって、その願いはかないました。

今、鈴木さんが県庁で担当しているのは、障害のある人への理解をすすめる仕事だそうです。

盲導犬を持って自立生活へ

　白杖歩行だった鈴木さんが盲導犬を持ったのは、県庁に入って4年めのこと。白杖だと、歩道に駐車しているトラックにぶつかったり、車に白杖の先をひかれてしまったりと、こわい思いをすることがたびたびありました。また、冬に雪が積もって点字ブロックがかくれてしまうと、とても歩きにくくなります。そこで、もっと行動範囲を広げ、より安全に歩くために、盲導犬を持つことにしたのです。

　それまでは実家に住んでいた鈴木さんですが、盲導犬エナが来たことで、自立に向かって一歩ふみだします。「実家にいるとひとりで歩くことがないので、せっかく盲導犬がいても出番がなくて、もったいないんです。盲導犬がひとりぐらしのほうへとわたしをひっぱってくれました」

　今は、自分で部屋を借り、週2回のヘルパーさんのサポートも受けつつ、自立生活を満喫しています。友人と食事や旅行に行ったり、ランニングやフロアバレーをしたりと、週末はいつも予定がいっぱいだそうです。

視覚障害のある人が伴走者と走るブラインドマラソン。ゆくゆくはフルマラソンを走るのが、鈴木さんの夢

鈴木さんが中学、高校でやっていたフロアバレーボールは、視覚障害者と健常者がいっしょにプレイできるスポーツ

あとに続く人のために

「新しいお店を開拓しようよ！」と、仲よしの友人といろんなお店に行くようにしているという鈴木さん。入店拒否にあうこともありますが、身体障害者補助犬法で補助犬の受けいれが義務づけられていることを話すと、たいていはOKになるといいます。そして、お店をでるときには「盲導犬ってこんなにお利口なんですね。また来てくださいね」と相手の考えも変わったりするそうです。鈴木さんは、入店拒否をする側がなにを心配しているのか、相手の気持ちも想像することがだいじ、と話します。そのやわらかな姿勢が相手にも伝わり、心を開かせるのでしょう。

鈴木さんが入店拒否にあっても簡単にあきらめないのは、自分のためだけではなく、ほかの盲導犬ユーザーのためでもあります。ここで自分が引きさがったら、ほかの人たちも入れない。福島県庁に点字試験導入を要望したときのように、鈴木さんは持ち前のパイオニア精神を発揮し、新たな行き場所を開拓し続けています。

まんが うちのコ

いつも家族の
まんなかに

河部千鶴さん
愛知県在住

病名を知らされて

　3人の子を持つ母親であり、フルタイムで働く公務員でもある河部千鶴さん（42歳）。いちばん上の息子さんは大学進学で家をでていますが、高校2年生と小学5年生のふたりの娘さんがいて、毎日大いそがしです。朝は5時に起き、子どもたちの朝食のしたくとお弁当づくり。子どもたちを送りだしたあとは、電車を2本乗りつぎ、盲導犬ファンといっしょに出勤します。

　千鶴さんは網膜色素変性症で、今は光がぼんやりわかるていどです。診断されたのは4歳のとき。病名を知らされたのは中学生になってからでした。小学生のころは紫外線から目を守るためにかけていた黄色のメガネを同級生にからかわれることはあったものの、夜盲があるのと、少し視野がせまいこと以外にあまり不便を感じることはありませんでした。体育もみんなといっしょにでき、中学では軟式テニス部に入るほどだったので、自分の病気を気にすることはそんなになかったのですが、病名を知らされたときはショックだったそうです。

　大学時代はひとりぐらしをし、自動車の運転免許も取得。卒業後は瀬戸市役所に就職しました。その後、23歳のとき、職場で出会った友一さんと結婚し、長男の煌生さんを出産。26歳のときには長女の倖芽さんを出産しますが、このころからだんだん細かい字が見えづらくなってきました。

光がとてもまぶしく感じられ、遮光メガネをかけるようになったため、職場に病気のことを話し、車の運転もやめました。2年後には身体障害者手帳も取得しますが、白杖は持ちませんでした。白杖を持つと、自分が視覚障害者という枠に入れられてしまうような気がしたのです。

視覚障害を受けいれる

　でも、いやがおうにも視覚障害と向きあわざるを得なくなるときがきました。
　31歳で次女の真采さんを出産し、育児休暇から職場に復帰しようとしたとき、しばらく休職して環境を整えてはどうかと提案されたのです。つまり、視覚障害がある状態で、どう働くのかを考えるように、ということでした。
　やむなく約1年間休職した千鶴さんは、名古屋市のリハビリセンターに通い、音声読みあげソフトの使い方や点字をマスターします。社会福祉士の資格を取るための勉強もはじめます。それでも、まだ白杖を使うことには抵抗があり、できるだけ使わずに歩いていました。

　そんなある日、当時5歳だった倖芽さんとスーパーに行ったときのこと。だれかのカートに当たったと思い、「ごめんなさい」とあやまりますが、その相手は人ではなく、棚でした。それを見た倖芽さんが「ママ、はずかしいからやめてー」と一言。
「なんでそんなこというの？」
　娘の言葉に悲しみといきどおりを感じた千鶴さんでしたが、同じ病気を持つ先輩に話をして、「そうか、わたしは見えない不便のなかでこんなにがんばってるのに、と思っていたけれど、それはひとりよがりだったんだ」と気づいたそうです。
「娘の友だちもみんなわたしが見えていると思っていました。会釈されても、わたしは気づかないから、相手は無視されたと思うでしょう。自分のほうからわかっても

らう努力をしなくちゃと思いました」

このとき以来、千鶴さんは常に白杖を使うようになり、自分が見えないことを相手にきちんと伝えるようになりました。

「視覚障害はできないこともあるけれど大部分は時間をかければできる。できるところまではやって、見える人の手を借りたいときには、この部分を手伝ってほしい、と伝える。そうして関係性をつくっていくことがいちばんだいじだと思っています」

2017年、千鶴さんは仕事に復帰します。盲導犬歩行の体験で、白杖よりずっと速く、安全に歩けることを実感し、2019年には盲導犬を申請。3年待って、ようやくファンがやってきたときは、子どもたちも大喜びしたそうです。

河部千鶴さん

盲導犬名

| 2023年〜

ファン（メス ラブラドール・レトリーバー）

- **1982年** 岐阜県生まれ
- **1986年** 幼少期から夜盲の症状があり、4歳のとき、網膜色素変性症と診断。中学では軟式テニス部に所属。視野からボールがはずれ、見失うことがあった
- **2000年** 大学入学
- **2004年** 瀬戸市役所に就職
- **2005年** 結婚。長男出産。育児休業後、復職
- **2008年** 長女出産。育児休業後、復職

このころから光をまぶしく感じ、遮光メガネをかけはじめる。車の運転をやめる

- **2010年** 身体障害者手帳を取得
- **2013年** 次女出産。育児休業後、休職

愛知障害者職業センターからリハビリセンターのことを知り、音声ソフトの使い方や点字を学ぶ。白杖での歩行訓練を受け、使いはじめる

- **2017年** 復職
- **2020年** 社会福祉士の資格を取得
- **2021年** 精神保健福祉士の資格を取得
- **2023年** 盲導犬ファンと歩きはじめる

みんなお母さんが大好き

千鶴さんは残業で夜おそくなることもたびたびあるそうですが、家事の分担はどうしているのでしょうか。

お風呂洗いは家族全員の交代制で、新聞を取ってくるのは真采さん、ゴミだしと食料の買いだしは夫の友一さん、平日の夕飯の用意は各自で行います。でも、そうじ・洗濯・朝食・お弁当づくりに休日の料理など、おもな家事は千鶴さんになっているそうです（卵焼きはぜったい倖芽さん）。

かつて料理をしていたので、見えなくなってからも、手が覚えているといいます。たとえば、茎をさわれば、小松菜とホウレンソウのちがいがわかるし、お肉の焼きかげんは音でわかります。自分で打った点字をふりかけの袋にはりつけ、なんのふりかけかわかるくふうなどもしています。

どんなにいそがしくても、千鶴さんは子どもたちとの時間をたいせつにしています。宿題をみたり、学校でのいろんな話に耳をかたむけたり。真采さんの算数の宿題では、真采さんが読みあげる数字を耳だけで記憶し、それぞれが問題を解いたあとで、いっしょに答えあわせをします。

真采さんの宿題をみる千鶴さん

「真采は字と絵が得意なんですよ。それを見てあげたいな、きっと上手なんだろうな、と思いますけど……」そういって、千鶴さんはちょっぴり涙ぐみます。

「みんな母が大好きだから、母の取りあいをするんです」と、倖芽さん。左手でファンのハーネスを持つ千鶴さんの、あいているほうの右手をだれがにぎるか。お父さんは手強いライバルだそうです。

「お母さんのどんなところが好き？」と聞くと、真采さんは「全部！」。倖芽さんは「ちゃんと受けとめてくれるところ」

千鶴さんは倖芽さんの友だちの名前も特徴も全部覚えているそうです。

「ちゃんと話を聞いてくれて、興味を持ってくれるのがうれしい。愛情持って接してくれてるなーと」

そして、「だからこそ、見えてたら、わたし、こんなにおっきくなったんだよーとか、部活の卓球で、こんなに動けたりするんだよって見せられるのに。ちょっとくやしい……」。倖芽さんも涙ぐみました。

そんな家族のまんなかにいる千鶴さんは、ほんとうに大きな存在です。

ファンのつめ切りは倖芽さんが担当

まんが うちのコ

雨はきらいです

待っています

見えなくても聞こえなくても話がしたい

門川紳一郎さん
（かど かわ しん いち ろう）
東京都在住
（とう きょう と ざい じゅう）

盲ろうの人の
コミュニケーションって?

　門川紳一郎さん(59歳)は、目が見えず、耳も聞こえない「盲ろう者」です(みなさんはヘレン・ケラーを知っていますか。彼女も盲ろう者です)。盲ろうの人とのコミュニケーションって、どんな感じなんだろう? 内心ドキドキしながら待っていると、大きくてどっしりした盲導犬ベイスを連れた門川さんがやってきました。
　「はじめまして、こんにちは」というと、さっそく通訳・介助者の宮崎さんが、指先で門川さんの手の指をたたきます。相手の指を点字タイプライターのキーに見立ててたたく「指点字」です。そのスピードの速いこと! 宮崎さんがこちらの言葉を指点字で伝えると、門川さんはそれを瞬時に理解し、声でこたえてくれます。声だけで会話するのとそれほど変わらないスピードでやりとりができるのにはおどろきました。
　門川さんは、点字や手話ができない人と対面で話をするとき、指点字ができる通訳・介助者がいない場合は、手のひらやせなかに文字を書く「手書き文字」を使うそうです。また、聴覚障害者など手話を使う人とは、相手の手話の形をさわって読みとる「触手話」を使います。相手によって何種類ものコミュニケーション方法を自在に使いこなす門川さんですが、その裏にはどれほどの努力があっただろうと思わずにいられません。

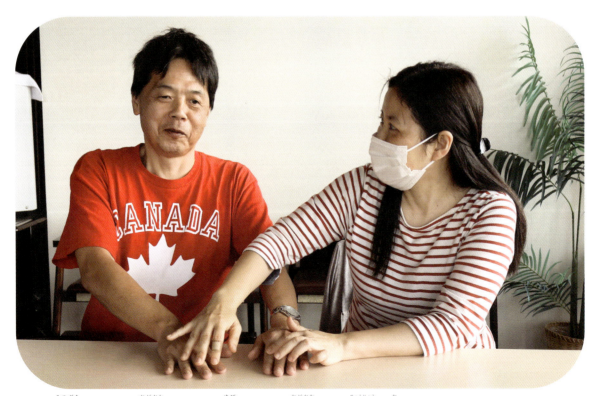

宮崎さん(右)が門川さん(左)の指をたたくと門川さんの表情が変わり、すぐにこたえてくれる

触手話

文字を手に書く手書き文字

せなかにかな文字を書く

門川紳一郎さん

盲導犬名

| 2016年～
ベイス（オス　ラブラドール・レトリーバー）
| 2024年～
アーチ（オス　ラブラドール・レトリーバー）

1965年 大阪府生まれ
　　　 生まれつきの弱視で難聴

1969年 4歳のとき、しょう紅熱で
　　　 重度の聴覚障害者となる

1983年 高校3年のとき、福島智に出会う

✻ 福島智　1962年、兵庫県生まれ。1983年、盲ろう者として日本初の大学進学をはたす。全盲ろう者として世界ではじめての常勤の大学教授。指点字は彼の母親が考案。

1984年 大阪市立盲学校卒業

1985年 大学入学
1989年 大学卒業

卒業後、ニューヨークのヘレン・ケラー・ナショナルセンターの国際プログラムにはじめての盲ろうの研修生として参加

1990年 ワシントンD.C.のギャローデット大学
　　　 に編入生として入学するが中途退学
　　　 し、ニューヨーク大学に進学

1992年 ニューヨーク大学大学院の
　　　 修士号を得る

1999年 盲ろう者支援のための団体設立

2016年 1頭めの盲導犬ベイスを持つ

2024年 2頭めの盲導犬アーチを持つ

アメリカの大学に挑戦！

　門川さんは、大学2年生のとき、聴覚障害者の友人とふたりで、全米盲ろう者協会の全国大会に参加するため渡米します。アメリカの盲ろう者がどんなふうにくらしているのか知りたかったからです。でも、アメリカでは、おもなコミュニケーション方法は手話。アメリカ手話を知らなかった門川さんはほとんどコミュニケーションがとれず、くやしい思いで帰国します。

　でも、ここでめげなかったのが門川さんのすごいところです。こんどは研修生として、ヘレン・ケラー・ナショナルセンターの国際プログラムに参加し、3か月滞在。その後、聴覚障害者を対象とするギャローデット大学に編入します。そこでアメリカ手話やろう文化を学んだ門川さんは、ニューヨーク大学大学院に盲ろう者としてはじめて留学し、修士号を得たのです。

　アメリカで門川さんが感心したのは、アメリカには盲ろう者も視覚障害者も聴覚障害者も、みんながコミュニケーションをとれるシステムがある、ということでした。まだパソコンがあまり進化していなかった当時でも、キーボードでメッセージを入力し、チャットのように通信回線を使って相手とリアルタイムにコミュニケーションができるTTYという文字電話があり、それでだれもがつながれたのです。

　ただ、アメリカでの生活自体にはふべんなこともありました。大学の授業ではアメリカ手話による触手話通訳のサポートを受けられたのですが、いったんキャンパスをはなれると、日常生活は自分でなんとかしなければなりませんでした。お店の看板は見えないので、飲食店はにおいで探しあて、近くのお店を覚えておいて、そこに食べに行ったりしていたそうです。

日本での活躍、そして盲導犬歩行へ

「日本に帰ってきて、盲ろう者支援を手伝ってください」

ある日、ニューヨークにいた門川さんに、日本の団体から1通の手紙が届きます。そこで、1994年春、3年半ぶりに帰国。大阪を拠点に日本で盲ろう者の社会参加を進める活動に取りくみ、大阪府での通訳・介助者派遣制度をつくるのに貢献するなど、精力的に働きます。

1999年には任意団体を設立し、2001年にNPO法人化。当事者である盲ろう者自身が主体となって活動することをたいせつにしつつ、みんなが楽しめる演劇や和太鼓などのイベントをしたり、おたがいに情報交換をしたりする場づくりに努めました。

出張であちこちを飛びまわるいそがしい毎日を送っていた門川さん。ところが、2011年ごろから視野がさらにせまくなり、平衡機能も悪化して、白杖だけではまっすぐ歩くのも難しくなってきました。

「でも、盲導犬となら、また安心して歩けるかもしれない」

そこで日本盲導犬協会に希望をだし、盲導犬歩行にチャレンジすることになったのです。

門川さんのようにまったく見えない、聞こえない全盲ろうの人が盲導犬と歩くことができるのか。日本盲導犬協会にとってもはじめての挑戦でしたが、みごと成功。

2016年3月、門川さんは晴れて盲導犬ベイスとの生活にふみだします。

ベイスがいたから外にでられた

それから8年ちょっと。その間には門川さんの人生にもさまざまな変化がありました。ベイスが来た翌年、職場の人たちとのコミュニケーションがうまくいかなくなり、門川さんは心の不調をかかえてしまったのです。外にでるのがつらい。そんなしんどい思いをしていたとき、門川さんをささえたのはベイスの存在でした。ベイスといっしょに歩きたい、歩かなくちゃ。その思いがあったおかげで、家にひきこもることはありませんでした。

門川さんは「ベイスがぼくを外に連れだしてくれた。ぼくはベイスに生かされたと思っています」と語ります。2021年、門川さんは生活環境を変えるため、一大決心をして、大阪から東京に引っこしました。そして、全国盲ろう者協会の理事として新たな職場で、新生活をはじめたのです。

盲ろう者のことを知ってほしい

　門川さんのお話をうかがっていると、日本はまだ盲ろうの人たちを受けいれる社会になっていないことを痛感します。たとえば、障害のある人たちが働き、収入を得られる場所として、福祉作業所というものがありますが、盲ろう者が働ける作業所はほとんどないそうです。毎日でかけて活動できる場所もあまりないので、家にひきこもりがちになってしまう人が少なくないといいます。

　「そういう人たちを、なんとか社会にだしていきたい。もっとみんなに元気になってほしいんです」と門川さん。

　そのためにも、目と耳の両方に障害がある人たちがいることをいろんなところで伝えていかなければ、と思っています。盲導犬と歩くこともそのひとつでしょう。ベイスはまもなく引退しますが、門川さんは2頭めの盲導犬を持ち、これからもどんどん外にでて歩くつもりです。

ふたりと1頭、息(いき)はぴったりです

中柴健一(なかしばけんいち)さん 知子(ともこ)さん
広島県在住(ひろしまけんざいじゅう)

見えなくなってもできる仕事を

中柴健一さん（56歳）と知子さん（45歳）は、夫婦で1頭の盲導犬と歩く「タンデム」という歩き方をしています。これまで2頭の盲導犬と歩いてきたおふたりは息も歩調もぴったりです。

健一さんと知子さんの出会いは盲学校。健一さんは31歳、知子さんは20歳でした。ふたりとも鍼灸マッサージ師になる勉強をするため盲学校に通っていたのでした。

健一さんが網膜色素変性症という自分の病気を知ったのは29歳のとき。10代のころから夜間や暗い場所では見えづらかったのですが、ほかの人もみんなそうなのかと思っていました。ところが大学卒業後、就職して営業でお客さんの家に行き、明るいところからいきなり室内に入るとよく見えません。「こちらへどうぞ」といわれても、こちらというのがどこかわからない……。どうもおかしいんじゃないか。そう思って眼科を受診しても、病気ではないといわれるばかりでした。

「症状はあるのに認めてもらえない。しょうがないので、だましだましやっていました」

大学病院を受診し、病名をつげられたときは、ショックを受けるというより、むしろほっとしたそうです。やっぱりそうか、自分の気のせいじゃなかったんだ、と。

「ならば、見えなくなってからもできる仕事を学ぼう」と盲学校の理療科に入学し、34歳で自分の鍼灸治療院を開業します。

知子さんは、小学生のころから夜盲がはじまり、高校1年生のときに網膜色素変性症と診断を受けました。

「でも、わたしはまだ黒板も見えていたので、ピンとこなくて」

卒業後は短大に進学しますが、当時は就職難の時代。一般の就職は難しいだろうと鍼灸マッサージ師をめざします。そして盲学校卒業後、健一さんと結婚。

35歳ごろに急激に視力が落ちたという知子さん。そのときはしんどかったものの、長い年月をかけてじょじょに病気が進行してきたため、パニックになるようなことはなかったと話します。

「いつか見えなくなる覚悟はできてたし、手に職もつけてたので。それにわたし、もともと楽天的な性格なんです」

前を歩く人が盲導犬のハーネスをにぎり、うしろの人は、前の人のウエストポーチに通したタスキを持ちます。こうすることで横に広がらず、一列で歩けます。ふたりでいろいろ試行錯誤した結果、おたがいにぶつからないよう、タスキもちょうどいい長さに調節されています。タンデムの歩行には、前を歩く人のかたやひじにつかまって歩く方法もあります。

ふたりと1頭、息はぴったりです 中柴健一さん 知子さん

盲導犬のタンデム歩行へ

　ふたりとも子どものころ犬とくらした経験があり、盲学校には盲導犬を連れて通勤する先生たちもいたので、いつか自分たちもほしいね、と話していました。

　そんなある日、知子さんが近所の工事現場の穴に落ちてしまい、もっと安全に歩きたい、と強く思うようになったのです。

　日本盲導犬協会には、最初から「タンデムで」と希望をだしました。その理由は、健一さんにとっては鍼灸治療院に出勤するときしか盲導犬の出番がありませんが、知子さんのほうは、買い物などであちこちでかけるのに盲導犬が必要だったからです。そこで、それぞれが盲導犬を持つのではなく、平日は知子さん、そして週末いっしょに外出するときはタンデム、と、1頭の犬をふたりでシェアするのがちょうどいいと考えたのです。通常、盲導犬はひとりのユーザーと1対1のペアを組んで歩きます。でも、初代の盲導犬オーレも、現在のエンターも、どちらがハーネスをにぎってもまったく問題なく歩けるそうです。

　知子さんは、盲学校時代は拡大鏡で文庫本が読めていたそうですが、今は光がわかるていど。健一さんは、今の見え方を「ぶあついすりガラスの前に立っているような感じ」と表現します。

中柴健一さん　知子さん

盲導犬名

|2008年～
オーレ（オス　ラブラドール・レトリーバーとゴールデン・レトリーバーのミックス）
|2017年～
エンター（オス　ラブラドール・レトリーバー）
|2024年～
エンタ（オス　ラブラドール・レトリーバー）

健一さん

1968年 広島県生まれ

1997年 29歳のとき、網膜色素変性症と診断

1999年 31歳のとき、盲学校に入学

2002年 34歳のとき、鍼灸治療院を開業

2004年 結婚

知子さん

1978年 広島県生まれ

1994年 15歳のとき、網膜色素変性症と診断

1999年 短大卒業後、盲学校に入学

2002年 盲学校卒業後、鍼灸師として病院に勤める

2004年 結婚

ふたりと1頭で日本じゅうを旅する

健一さんと知子さんの共通の趣味は旅行。これまでふたりと1頭で、屋久島、熊野古道、姫路城、大阪城など日本全国を旅してきました。とくに楽しみなのは史跡めぐりで、歴史小説が好きな知子さんが行きたい場所を提案し、健一さんが行き方を調べます。自治体の公式サイトにでているモデルコースなどを参考に、おおまかなプランを立て、現地の観光ガイドを依頼。鉄道や飛行機などの公共交通機関のサポートを受けて現地に到着したら、駅や空港でガイドさんと落ちあいます。

そこからは知子さんがガイドさんの肩につかまり、健一さんは、知子さんのうしろでタスキでつながりながら、エンターのリードをにぎって歩くというわけです。エンターは見知らぬ土地であっても、ちゃんと角や段差のあるところで立ちどまるそうです。

「見えない分、事前に音声図書でしっかり勉強してから行きます」と知子さん。

旅先では、お城の石垣をさわったり、本物の火縄銃にさわらせてもらったり、本だけではわからなかったことを体感でき、興味がつきません。ふたりとも点字はできませんが、パソコンやスマートフォンの音声入力・音声読みあげソフトなど、最新のＩＴをフルに活用し、アクティブにくらしています。

「ぼくらは視覚障害者としてのライフスタイルが確立しているんです」と健一さんはいいます。「盲導犬、ＩＴ、ボランティア、公共交通機関のサポート、この4つがあれば、だいたいどこでも行けますね。見えるのにこしたことはないけど、今なりの楽しみ方がある」

いっしょに歩くことが幸せ

　健一さんは、以前は盲導犬を使うのは自分のエゴなんじゃないかと思ったこともあったそうです。でも、今はそんな気持ちはまったくなくなりました。
「どんな愛犬家の人たちにも負けないほど心から愛しているから。いっしょに歩くことが幸せなんです」
　ハーネスをにぎっていると、そのときどきの犬の気持ちが伝わってきて、「まるで子どもと手をつないで歩いているような感じ」と顔をほころばせます。

　中柴さんたちがたっぷり愛情をそそいだ最初の盲導犬オーレは、なんと17歳半という超高齢の今も、のんびりと引退生活を送っています。じつはエンターは2024年11月に引退予定です。もうすぐお別れだと思うとさびしくてたまりませんが、オーレが引退後も幸せにくらしていることがなぐさめになる、といいます。
「つぎの子はどんな子かな」
　出会いと別れをくりかえしながらも、これからもずっと盲導犬と歩き続けたい。いつか、タンデムで世界旅行をするのが夢です。

もう少し知りたい人のために

● 夜盲　▶ 4,5,25,27,39ページ

光を感じる感覚が弱まり、夜間や暗いところで見えにくくなる症状。先天性と後天性のものがあり、先天性の網膜色素変性症は夜盲の症状がでる代表的な病気です。ビタミンAの欠乏などで突発的に起こることもあります。

● 網膜色素変性症　▶ 4,5,6,25,27,39,41ページ

光を感じる網膜に異常が見られる遺伝性の病気。特徴的な症状は、暗いところでものが見えにくい夜盲、視野がせまい視野狭窄、視力低下の3つ。
症状としては夜盲が最初にあらわれることが多く、進行すると視野がせまくなって、ものにぶつかりやすくなったり、ものが見えたり消えたりするという症状があらわれます。さらに病気が進行すると、視力低下を自覚するようになります。進行性の病気ですが、その進行はとてもゆるやかで、数年あるいは数十年をかけて進行します。また病状の進行速度や症状の起こる順序には個人差があります。

● 視野　▶ 4,25,27,35ページ

眼球を動かさないで見えるはんいのこと。ふつう、視野全体はすべてくっきりと見えているわけではありません。見ている点（視線の中心）ははっきりとしていますが、周辺に向かうにつれぼんやりとしています。人は両目でものを見ているので、かたほうの目をかくさないと、自分の視野に異常があるかどうかはわかりません。

● 点字ブロック　▶ 8,21ページ

正式名称は「視覚障害者誘導用ブロック」。視覚障害者が足のうらでさわったときにわかるよう、表面に突起がついています。地面や床面につけられ、線状の誘導ブロックは進行方向を示し、点状の警告ブロックは危険な場所であることを示します。2012年（平成24年）、点字ブロックの国際規格は日本のJISをもとに定められました。

● ブラインドテニス　▶ 11,12ページ

鈴の入ったスポンジボールをラケットでネットごしに打ちあうスポーツ。ボールのバウンド音から打点をさぐりあて、空中にあるボールを相手コートに打ちかえします。視覚障害のクラスによってコートの広さやラケットの大きさにちがいがあります。1980年代に日本で生まれたスポーツです。

● 全盲　▶ 12,15ページ

見る機能を使うことができない状態。全盲であっても光を感じる場合はあります。

● 点字　▶ 18,19,20,28,32ページ

さわった感じ、触覚を使って読むことができる凸点を組みあわせた文字。ふつうは横2×縦3の6つの点の組みあわせであらわされています。
点字に対し、視覚を使って読み書きする文字のことを墨字、墨字で書かれた文書を点字・点図にすることを点訳、墨字で書かれた文書を音声にすることを音訳といいます。

● 未熟児網膜症　▶ 19ページ

未熟児の目に発症し、子どもの失明原因の第1位をしめる病気。予定日より早く生まれた未熟児では、網膜の血管がえだわかれしたり、目の中心に向かって立ちあがったりと、異常な発達をすることがあります。これを未熟児網膜症といいます。手術などによって未熟児網膜症が安定しても、のちに白内障、緑内障や網膜剥離を起こすことがあります。

● 網膜剥離　▶ 19ページ

眼球内で光を感じる組織を網膜と呼び、網膜は眼球のうら側にはりついています。この網膜がなにかの理由で眼球からはがれることを網膜剥離と呼び、視力が低下します。

全巻共通 さくいん

①②③は巻数をあらわします

あ

- アイメイト協会 ······ ①45 ③40
- いばらき盲導犬協会 ······ ①45 ③40
- 引退 ······ ①43 ③31
- 引退犬飼育ボランティア ······ ①43 ③31
- ＡＩスーツケース ······ ③43
- オルデンブルク ······ ③36
- 音声時計 ······ ③38

か

- 介助犬 ······ ③17
- 拡大読書器 ······ ③38
- 関西盲導犬協会 ······ ①45 ③40
- 基本訓練 ······ ①30
- キャリアチェンジ犬 ······ ③13
- 九州盲導犬協会 ······ ①45 ③40
- 共同訓練 ······ ①34
- 首輪 ······ ①2 ③2
- 訓練センター ······ ①30,42,45 ③25
- ゴールデン・レトリーバー ······ ③11

さ

- シーイング・アイ ······ ③36
- 塩屋賢一 ······ ③37
- 視覚障害 ······ ①4,5 ③4,5
- 視覚障害者 ······ ①4,5,15 ③4,5,34
- 視野 ······ ②4,25,27,35,45

し（右列）

- 遮光メガネ ······ ②25,27 ③38
- シャンプー ······ ③27
- 障害者差別解消法 ······ ③39,45
- 触手話 ······ ②32,33
- 身体障害者手帳 ······ ①4,45 ③4,34,45
- 身体障害者補助犬健康管理手帳 ······ ①3,44 ③3,44
- 身体障害者補助犬法 ······ ③17,18,45
- 全盲 ······ ②12,15 ③34,41,45

た

- 単眼鏡 ······ ②13 ③38
- タンデム ······ ②39,41
- チャンピィ ······ ③37
- 中部盲導犬協会 ······ ①45 ③40
- 聴導犬 ······ ③17
- つめ切り ······ ③27
- 手書き文字 ······ ②33
- 点字 ······ ②18,19,20,28,32,45
- 点字ブロック ······ ②8,21,45
- 同行援護 ······ ①5,45 ③5,45
- 動物検疫 ······ ③18

な

- 日本補助犬協会 ······ ①45 ③40
- 日本盲導犬協会 ······ ①45 ③37,40
- 日本ライトハウス ······ ①45 ③40

は

- ハーネス ①2,3,8,9,33,37 ③2,3,8,9,11,26,28
- ハーネスバッグ ①3,31 ③3
- バーハンドル ①3 ③3
- ハインリッヒ・スターリン ③36
- 白杖(はくじょう) ①5,45 ③5,39,45
- パピーウォーカー ①27,28,29,30,42 ③23,24
- パピーレクチャー ①29
- 歯(は)みがき ③27
- 繁殖犬(はんしょくけん) ①24,26,43 ③23
- 繁殖犬飼育(はんしょくけんしいく)ボランティア ①24,26,43 ③22
- ＰＲ犬(ピーアールけん) ①43 ③13,45
- 東日本盲導犬協会(ひがしにほんもうどうけんきょうかい) ①45 ③40
- 兵庫盲導犬協会(ひょうごもうどうけんきょうかい) ①45 ③40
- ブラインドテニス ②11,12,45
- ブラッシング ③27
- 補助犬(ほじょけん) ③39
- 北海道盲導犬協会(ほっかいどうもうどうけんきょうかい) ①45 ③40
- ボド ③37

ま

- 未熟児網膜症(みじゅくじもうまくしょう) ②19,45
- 盲導犬育成団体(もうどうけんいくせいだんたい) ①45 ③40
- 盲導犬訓練士(もうどうけんくんれんし) ①32,40 ③25
- 盲導犬使用者証(もうどうけんしようしゃしょう) ①3,44 ③3,44
- 盲導犬歩行指導員(もうどうけんほこうしどういん) ①40
- 網膜色素変性症(もうまくしきそへんせいしょう) ②4,5,6,25,27,39,41,45
- 網膜剥離(もうまくはくり) ②19,45
- 盲(もう)ろう者(しゃ) ②32

や

- 夜盲(やもう) ②4,5,25,27,39,45
- Ｕ字型(ユージがた)ハンドル ①3 ③3
- 誘導訓練(ゆうどうくんれん) ①31
- 指点字(ゆびてんじ) ②32

ら

- ラブラドール・レトリーバー ①2 ③2,11,12,13,24
- リード ①3 ③3
- リタ ③37
- ロービジョン ②13 ③38

わ

- ワン・ツー ①16 ③28

監修 公益財団法人日本盲導犬協会

1967年（昭和42年）8月10日設立の公益財団法人。「目の見えない人、目の見えにくい人が、行きたいときに、行きたい場所へ行くことができるように、安全で快適な盲導犬との歩行を提供する」ための活動を行っている。

子どものための動画サイト「にちもうジュニア」はこちら

指導 清水朋美（国立障害者リハビリテーションセンター病院 第二診療部長 眼科医）

文・写真	大塚敦子
イラスト	祖敷大輔
まんが	伊藤ハムスター
装丁	坂川朱音（朱猫堂）
本文デザイン	坂川朱音＋小木曽杏子（朱猫堂）
写真協力	公益財団法人日本盲導犬協会（P12,13）　板嶌憲次郎（P5,7）
取材協力	福島県

盲導犬大百科 ❷
見えないわたしと盲導犬

発行	2025年4月　第1刷
監修	公益財団法人日本盲導犬協会
発行者	加藤裕樹
編集	小原解子
発行所	株式会社ポプラ社

〒141-8210 東京都品川区西五反田3-5-8 JR目黒MARCビル12階
ホームページ　www.poplar.co.jp（ポプラ社）
　　　　　　　kodomottolab.poplar.co.jp（こどもっとラボ）

印刷・製本　中央精版印刷株式会社

© Atsuko otsuka POPLAR Publishing Co.,LTD. 2025 Printed in Japan
ISBN978-4-591-18483-7　N.D.C.369　47P 27cm
落丁・乱丁本はお取替えいたします。
ホームページ（www.poplar.co.jp）のお問い合わせ一覧よりご連絡ください。
本書のコピー、スキャン、デジタル化等の無断複製は著作権法上での例外をのぞき禁じられています。
本書を代行業者等の第三者に依頼してスキャンやデジタル化することは、たとえ個人や家庭内での利用であっても著作権法上認められておりません。
QRコードからアクセスできる動画は、館内や館外貸し出しともに視聴可能です。

P7263002

盲導犬大百科
全3巻
監修 公益財団法人日本盲導犬協会

---

❶ 盲導犬ってどんな犬?

盲導犬について知るためのガイド。盲導犬がなにをしてくれるのか、どのようにして盲導犬が生まれるのかについて解説します。

第1章 盲導犬がしてくれること
曲がり角で止まる／段差で止まる／障害物をよける／道のはしをまっすぐ歩くのを助ける／指示された目標物をさがす

まんが 盲導犬とおでかけします!

第2章 盲導犬への道
生まれる／パピーウォーカーへ／訓練センターへ／共同訓練／盲導犬として認定!

まんが いっしょに歩こう!

---

❷ 見えないわたしと盲導犬

盲導犬ユーザーの体験談。視覚障害がある方々がどんな体験をし、毎日をどのように感じているのかを取材しました。

障害を持って出会いがふえました／見えにくさ、想像してみて／障害がある人のために働きたい／いつも家族のまんなかに／見えなくても聞こえなくても話がしたい／ふたりと1頭、息はぴったりです

まんが うちのコ

---

❸ 教えて! 盲導犬Q&A

盲導犬についての疑問を43のQ&Aにまとめました。

盲導犬は行きたいところへ連れていってくれるの?／盲導犬になるのはどんな犬?／盲導犬に信号の色はわかるの?／盲導犬はどこで生まれるの?／だれがどんな世話をしているの?／おやつはあげるの? など

まんが うちのコ

小学校中学年から
A4変型判　各巻47ページ　オールカラー
N.D.C.369
図書館用特別堅牢製本図書

ポプラ社はチャイルドラインを応援しています

18さいまでの子どもがかけるでんわ
チャイルドライン®
0120-99-7777
毎日午後4時～午後9時 ※12/29〜1/3はお休み
電話代はかかりません　携帯(スマホ)OK
チャット相談はこちらから